VERS L'UNION

Et vitula tu dignus et hic
(VIRGILE.)

Les « Sillons » et l'Action Française

ESSAI DE CONCILIATION ET D'HARMONIE

PAR

Joseph SERRE

PARIS
HENRI FALQUE, ÉDITEUR
86, Rue Bonaparte

1911

Les Sillons et l'Action Française

DU MÊME AUTEUR

PROSE

Ernest Hello, Editions du *Mois littéraire*, **3 50.**

Numa Boudet, PERRIN, **3 50.**

Lacuria, FALQUE, **1 25.**

L'Eglise et la Pensée, VITTE, **2 ».**

La Religion de l'Esprit large, NOURRY, **2 50.**

La Lumière du Cœur, VITTE, **3 50.**

Opuscules philosophiques à **0 50**, PHILY, Lyon.

POÉSIE

Idées en fleurs, VITTE, Lyon, **2 ».**

Sonnets intimes, VITTE, Lyon, **2 ».**

Les deux Ailes de l'Ame, VITTE, Lyon, **3 ».**

Le Livre d'une Mère, VITTE, Lyon, **2 ».**

VERS L'UNION

Et vitula tu dignus et hic
(VIRGILE.)

Les Sillons
ET
l'Action Française

ESSAI DE CONCILIATION ET D'HARMONIE

PAR

Joseph SERRE

PARIS
HENRI FALQUE, EDITEUR
86, Rue Bonaparte

1911

à Marc SANGNIER

à Charles MAURRAS

Les « SILLONS » et l'« ACTION FRANÇAISE »

Ne l'avons-nous pas tous rencontré, ne le sommes-nous pas nous-mêmes trop souvent, le personnage dont parle quelque part Ernest Lavisse : « Je me souviens qu'un de mes amis les meilleurs avertissait qu'il n'aimait pas à être contredit : « Prenez garde ! disait-il ; si quel-« qu'un n'est pas de mon avis, mon premier « mouvement est de penser que c'est un imbé-« cile, et le second de croire que c'est une « canaille. » Beaucoup de Français ressemblent à mon ami, et ils mettront du temps à se corriger de ce travers. »

Pour ne parler que des catholiques, une des grandes causes des divisions profondes qui les affaiblissent et les paralysent, n'est-elle point qu'ils sont imbus de préjugés et d'opinions préconçues à l'égard de ceux qui, sur une question ou sur une autre, ne pensent pas tout-à-fait comme eux? Ils forment autant de petites chapelles qui se méconnaissent, s'anathématisent, se jugent à travers les on-dit, d'après les attaques souvent exagérées de la presse et des livres. « Les royalistes, disait un jour le cardinal Merry del Val à un pélerin de Rome, voudraient que nous condamnions les républicains, et ceux-ci ne pardonnent pas au Pape de ne pas exclure les royalistes. Or, cela nous ne le pouvons pas, car le Saint-Siège n'a pas à faire de la politique : royalistes et républicains ont droit à notre égale sollicitude et bienveillance. »

Cette bienveillance n'est point toujours la note dominante des appréciations mutuelles des divers groupes catholiques, qui ont souvent, comme occasions de disputes, maintes nuances, d'autant plus affirmées et opposées violemment, d'autant plus criantes qu'elles sont plus ténues, car ce n'est pas la couleur qui est intransigeante, c'est la teinte.

« Au cours de notre enquête, écrit M. Oscar de Férenzy dans son beau livre : « *Vers l'Union* », ce qui nous a peut-être frappé, et, il faut bien le dire, affecté le plus, c'est la tendance qui porte les mieux intentionnés à croire que, seuls, ils sont dans le vrai, que, seuls, ils ont trouvé la bonne voie, et qu'en dehors d'eux... il n'y a pas de salut. Ils oublient qu'il y a « multiplicité et variété de grâces »; qu'il peut y avoir différence des méthodes dans l'unité de l'esprit. Au lieu de regarder droit devant eux, de marcher directement vers le but, ils tournent trop souvent les yeux vers l'œuvre du voisin, non pour la copier ni pour l'admirer, mais pour l'amoindrir, pour la critiquer, pour en contester les mérites, si ce ne sont même les bonnes intentions.

« Et cependant, Dieu sait si, partout, nous avons rencontré de la générosité, de la loyauté, du saint enthousiasme ! Mais, puisqu'il est dit que nulle œuvre humaine ne sera parfaite, il faut avouer que le côté faible de la plupart est la méconnaissance des droits du prochain de penser, de concevoir et d'agir différemment. C'est par là que l'esprit du mal fait naître ces dissentiments si profonds, ces polémiques si ardentes et si douloureuses. Et ainsi se pose le problème de l'Union de tous ces cœurs excellents, de toutes ces natures généreuses qui ont la même foi, le même idéal sublime, et qui ne sont divisés que sur des questions absolument secondaires. »

Selon les belles paroles de M. Flourens, « de même que le drapeau de la France est assez vaste pour abriter tous ses enfants, le drapeau de l'Eglise universelle est assez large pour abriter toutes les opinions, politiques, morales, philosophiques... Ce n'est pas le moment de perdre son temps à chercher la petite bête, quand les grosses bêtes nous déchirent et nous dévorent. »

Cette union des cœurs, ce respect mutuel tout au moins, qui devrait être la loi, même entre adversaires, ne saurait fondre, d'ailleurs, la naturelle diversité des opinions, des mentalités ou des croyances. Les contrastes et les oppositions sont dans l'ordre même de l'univers, et il est bon que, dans le grand parterre des esprits, chaque fleur garde sa teinte et son parfum. Le lys ne déteste pas la rose, l'œillet ne fait pas la guerre au jasmin. Restons nous-mêmes, — mais dans l'harmonie et la fraternité de tous.

Ces réflexions de philosophe pacifiste et conciliateur me reviennent à l'esprit toutes les fois que je vois aux prises deux idées divergentes, opposées par plus d'un point, mais également vraies et opportunes et dont l'opposition même ne serait qu'une beauté de plus dans l'harmonie de l'intelligence, si l'étroitesse d'esprit ne tournait en contradiction et en lutte fratricide ce qui n'est que diversité de point de vue, de méthode ou de tempérament.

Voici, par exemple, dans l'ordre politique et au sein même de l'Eglise, les deux extrêmes de la mentalité des Jeunes, ses deux grands courants les plus actuels : d'une part, je ne dirai pas le *Sillon*, mais les *Sillons catholiques*, reconnus en quelque sorte officiellement par le Pape; de l'autre, l'*Action Française* qui, si elle est condamnée quelque jour, comme cela est probable, ne saurait l'être du moins au point de vue politique, le seul auquel je me place ici, pour échapper à toute querelle théologique ou sociale.

I

Je ne parlerai donc point ou que fort peu dans ce livre de cette partie du *Sillon* que le Pape a censurée (1). Car, émettre comme une affirmation absolue et sans nuances, que Pie X a condamné et supprimé le *Sillon*, en bloc et à tous les points de vue, me paraît un de ces grossiers malentendus, pour ne pas dire de ces calomnies gratuites dont sont coutumiers les ennemis de l'Eglise et j'ajouterais volontiers, si je ne prêchais ici la concorde, quelques-uns de ses plus méchants défenseurs. Certes je ne prétends point nier ni le caractère de la Lettre, ni l'immense portée de l'acte du Pape, apparu très faussement à la grande foule des esprits prévenus comme une condamnation définitive de la République et de la Démocratie. Les nécessités mystérieuses des triomphes momentanés du mal, — et des souffrances rédemptri-

(1) S'il m'arrive parfois de nommer le *Sillon* tout court par abréviation de langage, je préviens le lecteur qu'il s'agit toujours du *Sillon* revu et corrigé par le Pape, des *Sillons catholiques* et républicains, abstraction faite des théories discutables.

ces des justes; la solennité de l'heure qui bientôt va sonner au cadran du monde, où seule tonnera la grande voix des évènements gigantesques, s'il faut en croire les prophètes, constituent comme une sorte de fatalité divine, et il faut que tout concoure aujourd'hui à l'anéantissement douloureux des secours humains, que tout soit raturé, parce que Dieu va écrire. Ce n'est pas une raison pour nous de ne pas comprendre le Pape. Or les éloges que Pie X décerne aux groupes sillonnistes dès le début de sa Lettre, la consécration en quelque sorte officielle dont il les honore en la terminant (1), sont des preuves suffisantes de sa sympathie et de son estime pour cette noble jeunesse. Signaler à des fils leurs défauts n'est point signer leur arrêt de mort. Au surplus, des deux amours qui constituent, peut-on dire, l'âme même du sillonniste, l'amour de l'Eglise et celui de la République, le Pape ne saurait condamner ni le premier, c'est évident, ni le second, puisqu'il reconnaît à chacun la liberté de ses opinions politiques. Que réprouve donc le Pape dans le

(1) Placer les *Sillons catholiques* et républicains sous la directe autorité et protection des évêques, n'est-ce point dire assez haut que si l'Eglise peut condamner telle forme, telle nuance de la République ou de la Démocratie, elle ne condamne ni la Démocratie ni la République, comme on ne cesse de le répéter depuis la fameuse Lettre.

Sillon? Ses théories sociales, quelques-unes de ses théories sociales, telles du moins qu'elles peuvent être interprêtées par la foule. Ce dernier mot a son importance, car l'Eglise, essentiellement pratique et spirituelle, se préoccupe moins des théories que des influences, moins de la pensée intime de l'orateur que des interprétations de l'auditoire.

Les points censurés me paraissent les suivants, qu'ils soient ou non dans la pensée intime de Marc Sangnier et de ses disciples les plus exacts : 1° Rêve d'une égalité fraternelle abolissant peu à peu les cadres et les classes de la hiérarchie sociale ; 2° Suppression de l'autorité réelle remplacée par la simple supériorité morale; 3° Collaboration de toutes les âmes, en dehors de toutes croyances, à un idéal social indépendant de l'Eglise; 4° Prétention de tirer du christianisme une sociologie qu'il ne contient pas. J'insiste sur ce dernier point : on pourrait en effet soutenir que ce sont moins les théories sociales du *Sillon* qui sont frappées, que sa prétention apparente de les tirer de l'Evangile, car l'Eglise ayant le dépôt sacré de la Vérité religieuse, ne permet pas que l'on y touche, mais ne s'occupe point directement par ailleurs de nos philosophies ou sociologies humaines. Un catholique est libre d'être républicain et démocrate, si bon lui semble, mais il ne doit pas prêcher la république ou la démocratie au nom de l'Evangile, qui ne les contient pas plus que la monarchie ou l'oligarchie, — le plan *spirituel* n'étant point le plan *social*. Il est important de bien saisir ici la nuance, très nettement dégagée par le *Journal des Débats* : « Ce que la Lettre pontificale reproche au *Sillon*, dit ce journal, ce n'est pas d'être démocrate ni d'être républicain, c'est de prétendre que ses idées politiques et sociales sont les conséquences nécessaires et uniques d'un catholicisme qui lui est particulier... Elle redit en somme ce que Pie X disait à un évêque de France précisément à propos des idées politiques et sociales des Sillonnistes : « C'est leur droit de les avoir. » Mais elle ajoute que ce n'est pas leur droit de les lier au catholicisme, comme si le catholicisme n'était que cela. »

Les lignes suivantes du *Nouvelliste* de Lyon résument encore assez bien, en l'exagérant un peu, l'idée qu'on se faisait du *Sillon* : « Ce qu'ils prêchaient c'était en quelque sorte un christianisme nouveau, un christianisme qui découvrait dans l'Evangile et qui voulait en tirer ce que dix-neuf siècles de foi et de sainteté n'en avaient pas encore fait sortir, l'émancipation intellectuelle, politique, économique et sociale des masses populaires. Les citoyens, à les entendre, devaient être des rois et les ouvriers devenir des patrons; les liens sociaux actuels devaient se dissoudre au sein d'une égalité absolue, et toutes les hiérarchies sociales disparaître, à mesure que les hommes, mieux conscients de leurs devoirs, de leur pouvoir et de leurs aptitudes, devaient s'élever et s'égaliser entre eux. » Mais il convient d'observer, je le répète, que c'est moins cette théorie sociale qui est condamnée par l'Eglise, que la prétention de la tirer du christianisme, car la sphère religieuse est autre, plus haute et plus large, que la sphère politique. L'erreur du *Sillon* serait, dans ce cas, la confusion de deux plans qui, sans être séparés sans doute, sont néanmoins distincts. La liberté, l'égalité et la fraternité des enfants de Dieu ne sont point celles des enfants des hommes, et si la devise fameuse de notre république, qui d'ailleurs ne la pratique pas toujours, peut être excellente dans le domaine temporel, elle n'en est pas pour cela plus *chrétienne* par essence que la théorie opposée de la hiérarchie et de l'ordre.

Elle n'est même pas plus *sociale*. En sociologie comme ailleurs, la vérité est synthèse. Sans doute un siècle peut avoir ses préférences. L'ancien régime fut *autoritaire*, notre mentalité est *libérale*. L'orthodoxie n'en est pas moins dans la conciliation de ces deux contraires, également faux et défectueux par leur séparation même. Et c'est en quoi peut-être le *Sillon* aurait besoin d'être complété par l'*Action française*, comme celle-ci pourrait gagner à mieux comprendre celui-là. Tous deux ne sont hétérodoxes, en somme, que par leur côté négatif, exclusif de l'autre. Ce qui me frappe (je l'ai écrit souvent), dans la mentalité de l'Eglise, constamment accusée, et certes non sans motifs apparents, d'étroitesse et d'intransigeance, c'est, au fond, la puissance de conciliation, d'harmonisation, qui est en elle. Comme le *Sillon*, l'Eglise veut le développement de la conscience et la dignité de la personne humaine; mais cet idéal individualiste et quelque peu nietzschéen, ou évangéliste à la manière protestante, elle le corrige ou du moins le complète par l'idéal opposé, je veux dire complémentaire, de l'humilité et de la soumission. Même le Pape actuel qui n'est point conciliateur par tempérament et semble avoir pour idéal et pour mission l'austérité toute pure et jalouse de l'autorité et de l'orthodoxie, ne saurait échapper néanmoins à cette loi profonde du grand esprit catholique. Ecoutez Pie X : « Peut-on dire qu'il y a incompatibilité entre l'autorité et la liberté, à moins de se tromper lourdement sur le concept de la liberté? Peut-on enseigner que l'obéissance est contraire à la dignité humaine et que l'idéal serait de la remplacer par l'autorité consentie? » L'Eglise ne renonce jamais à la conciliation des contraires (je ne dis pas des *contradictoires*, ce qui serait une sottise). Le sommet de la liberté humaine, qui est la sainteté, est aussi le sommet de l'obéissance. Le chef du *Sillon* n'a-t-il pas lui-même, par la magnificence de son attitude en face du Pape, donné l'un des plus glorieux exemples de cette conciliation de la fierté civique et de la foi religieuse? Jamais, par aucun de ses élans oratoires, ce grand cœur n'éveilla de si profonds enthousiasmes au fond des âmes généreuses, et peut-être par la simple grandeur de cette attitude a-t-il plus et mieux agi pour sa cause, pour sa vraie cause, pour sa foi catholique et républicaine (qui, elle, n'est point condamnée), que par tous les congrès et tous les meetings.

Aussi inspira-t-il les poètes :

A Marc Sangnier

Ainsi donc te voilà, Lutteur, en pleine gloire
Mutilé!... Mais pour toi la défaite est victoire,
Et jamais tu ne fus plus beau que terrassé!
Car obéir est grand, l'orgueil n'est que vulgaire.
Car s'il est fort celui qui sait vaincre à la guerre,
Qui se dompte l'a dépassé!

Certes nous t'admirions quand debout dans ta force,
Front large, voix vibrante et le poing sur le torse,
Tu nous jetais ta foi, comme un astre son jour,
Tandis que tous les feux de ton âme enflammée
Volaient de toutes parts sur la foule affamée
A qui ton cœur servait son grand festin d'amour.

Tu fus beau dans ton œuvre immense et nécessaire :
Grandir la conscience et guérir la misère,

Donner le Christ vivant pour rêve au Peuple roi,
Te pencher sur la plèbe à l'infortune inique,
Baptiser sur le front la grande République
Avec le signe de la Croix.

Tu fus beau quand, debout et le pied sur deux mondes,
Ta forte voix tonnait dans les houles profondes
Des meeting orageux qui sont tes Austerlitz!
Et tous nos cœurs battaient comme nos mains sonores
Quand les bras rapprochaient dans des lueurs d'aurores
Les deux drapeaux sacrés dont tu joignais les plis.

N'importe, à ta grandeur manquait encor la cîme.
Lutter, vaincre c'est beau : souffrir seul est sublime.
Le gibet, c'est le Christ; l'Homme c'est la Douleur!
Un Titan n'est jamais si grand que sous la foudre.
C'est quand l'Humble à genoux s'est courbé dans la poudre
Qu'il commande au Seigneur!

Sangnier de cette épreuve se relèvera plus fort, plus exact, plus pur, le Pape, comme la douleur, comme Dieu, ne frappant point pour la mort mais pour la vie. Et il est remarquable que le premier effet de ce coup douloureux, de ce brisement de son cœur, ait été le rapprochement, la *Réconciliation* (c'est le titre d'un article admirable au lendemain de la *Lettre*) avec tous ses adversaires catholiques. « Dès que nous avons lu la lettre du Pape, aussitôt, dit-il, nous avons compris que nous étions en face d'un de ces évènements qui dépassent les mesquines prévisions des conseils humains;

nous avons senti le doigt de Dieu nous élevant au-dessus de toutes les vieilles et irritantes querelles et, sans même nous demander si elles n'avaient pas préparé et hâté le coup qui nous frappait si douloureusement, nous nous sommes laissé faire par la Providence, ému et heureux de la reconnaître comme à découvert et agissant directement dans notre vie.

« Mais voilà qu'en laissant apparaître notre cœur catholique que la douleur mettait à nu, et tandis que nous étions bien loin de nous préoccuper de ce que les autres pourraient penser, nous avons attiré sur nous la charité aimante de nos frères... Quelle consolation pour nous que d'entendre des adversaires politiques, des royalistes, des propagandistes d'*Action française*, nous demander pardon d'avoir un instant douté de notre obéissance, et nous dire combien ils se sentaient maintenant près de nous, en des termes que leur joyeuse émotion fait étrangement trop flatteurs!... Nous avons mieux compris quels liens resserrent, malgré tout, ensemble, les enfants de la même famille catholique, et nous avons mieux senti leur douceur. »

Mais cette réconciliation très noble et très haute domine, sans l'absorber, la diversité persistante des opinions secondaires et politiques. Le directeur de la *Démocratie* demeure un républicain convaincu, dans ce journal que le Pape, non seulement lui a laissé mais qu'il a déclaré capable de faire grand bien (1), s'il suivait la voie. Dans son remarquable article « La place de Dieu », le grand orateur écrit :

« Parce que j'ai accompli sans hésitation et sans marchander mon devoir de catholique, voici que plusieurs s'apitoient sur mon sort et considèrent que mon effort est brisé et que le rêve que j'avais conçu de donner à la Démocratie une âme chrétienne est anéanti.

« Que c'est donc mal comprendre l'esprit du catholicisme ! L'enseignement du Pape met fin aux plus irritantes querelles qui divisaient entre eux les catholiques et dont nous souffrions si particulièrement ; il précise et rectifie certaines conceptions qui étaient nées, trop confusément, sans doute, dans notre esprit, au milieu même de l'action et parmi l'agitation de la bataille ; et en distinguant plus nettement encore le terrain « de la politique et de l'économie pure » de celui de la morale et de la religion, tandis qu'il nous défend contre les erreurs de doctrine, il nous met mieux à l'aise pour travailler, à l'abri de toute funeste équivoque, au bien temporel de la Cité.

« Nous ne demandons qu'à être repris cha-

(1) Ce dernier mot a été supprimé dans certains journaux royalistes, ou plus catholiques que le Pape, ce qui est la meilleure façon de l'être moins.

que fois que nous nous trompons, défendu contre les autres et contre nous-même. Tout ce qui abat notre orgueil, discipline notre volonté, purifie notre vie, est salutaire et nous rend plus fort et mieux armé pour la lutte.

« Plus que jamais, aujourd'hui, nous sommes donc résolus à travailler pour le Peuple. Plus que jamais nous répétons que nous sommes républicain, non certes que nous méprisions l'admirable passé de notre France et la splendeur des gloires nationales dont nous sommes fier, mais parce que nous croyons que la République véritable est l'organisation qui correspond le mieux aux aspirations contemporaines, parce que nous avons conçu une admirable République fraternelle, et que nous croyons qu'il y a dans notre pays assez d'intelligence, de bon sens et de courage pour qu'elle puisse naître enfin ! »

Son article : *Des preuves !* développe la même idée : « Des preuves aussi, il faut que nous en fournissions aux adversaires de notre foi, pour qui la lettre du Pape semble une arme inespérée, non pas tant contre le *Sillon* que contre l'Eglise. Ils commencent à triompher bruyamment dans leurs journaux et affirment que toute attitude démocratique, toutes déclarations républicaines sont incompatibles avec la qualité de catholique. M. Lafferre dans l'*Action* se réjouit que les situations soient nettes et que

« le Pape ait lui-même sauvé la Démocratie de l'enveloppement clérical », en empêchant les Sillonnistes d' « adultérer la République au contact de l'esprit romain ».

« Nous saurons montrer, pour peu qu'il nous soit encore donné de tenir une plume ou de porter la parole dans des réunions, qu'il y a des catholiques républicains et démocrates, que le Pape n'a nullement entendu contraindre les catholiques à être des royalistes et, comme l'écrit l'*Osservatore romano*, que « l'Eglise ne repousse pas la Démocratie comme forme politique de gouvernement, puisqu'elle a toujours laissé aux peuples la liberté de choisir leur état politique. »

« Notre témoignage sera d'autant moins suspect que nous aurons eu plus à souffrir pour rester fidèle à l'Eglise et qu'en la défendant nous ferons preuve d'une sincérité plus évidente. »

Dans un autre article : « *Républicain* », il appuie sur les mêmes précisions nécessaires : « Quant à moi, dit-il, j'en suis convaincu, de même que ma docilité à la discipline catholique ne fait que fortifier ma dignité d'homme, de même mon adhésion loyale à l'enseignement de l'Eglise ne me donnera que plus de force et de courage pour travailler davantage et mieux encore au bien du peuple et à l'avènement de la vraie République. »

Non certes, le *Sillon*, les *Sillons* catholiques et républicains n'ont point terminé leur tâche, et leur découragement trop naturel serait aussi déplorable que leur révolte eût pu l'être.

Avec les rectifications, les précisions, les corrections, si l'on veut, que la Lettre du Pape lui impose, quoi de plus beau, de plus noble, de plus opportun, de plus indispensable à l'âme d'une démocratie que l'idéal sillonniste? Si l'on admet la démocratie et la république (qui, pratiquement, ne sont guère en discussion à l'heure actuelle), que reste-t-il à faire à un chrétien sinon de les christianiser, de les pénétrer d'Evangile, de développer dans le citoyen le sentiment de la responsabilité, la conscience; d'abolir, par un large esprit de justice sociale et de fraternité à la fois démocratique et chrétienne, les préjugés qui éloignent le peuple de l'Eglise; de faire, en somme, mais sans y mêler de théories suspectes, l'œuvre de ces merveilleux apôtres du verbe et de l'action populaire, de ces Jeunes au cœur de feu, qui vont — admirable « Armée du Salut » du catholicisme — porter la lumière morale et surnaturelle dont ils ont fait leur propre vie, dans les ténèbres de l'incrédulité populaire, faire acclamer en leur personne l'accord vivant de la Religion et de la vraie République, semer la foi et l'amour d'en haut dans le monde des haines et des révoltes où s'élaborent les révolutions sanglantes.

Purifié désormais des utopies ou des inexactitudes que le Pape a signalées avec justesse, je doute qu'un tel effort — le plus urgent de tous à cette heure — puisse susciter autre chose que la sympathie et l'admiration, non point seulement des catholiques (ce serait, me semble-t-il, trop évident), mais de tout cœur loyal et honnête qui veut pour l'âme populaire un idéal et un respect supérieur.

Si le *Sillon* doit peut-être renoncer à l'œuvre de l'éducation civique de la jeunesse chrétienne et même à une part de ses théories sociales, il reste aux sillonnistes d'être de bons catholiques et de bons républicains, des croyants simples, des hommes pratiques, des *réalistes* qui, acceptant les dogmes et l'Eglise tels qu'ils sont, prenant le peuple tel qu'il est, avec la Démocratie et la République, cherchent seulement à tirer de tout cela le meilleur parti possible au profit de leur double amour, — Dieu et leurs frères, — en rapprochant ceux-ci de celui-là par le chemin le plus court, non point le chemin de la Science et de l'Histoire, de la discussion ou de la critique, mais la méthode concrète qui pose face à face ces deux grandes réalités vivantes, Démocratie et Religion, pour les jeter dans les bras l'une de l'autre. Le *Sillon* purifié ne demeure-t-il pas le seul baiser de paix possible et actuel de l'Eglise et du Peuple?

On ne le jugera plus dès lors d'un point de vue

spéculatif dont il n'aura pas le loisir de se soucier, occupé qu'il sera à sauver du vaste incendie de l'impiété contemporaine la maison du Peuple qui brûle, et il ne s'agit pas, pratiquement et pour l'heure, de savoir si cette maison est bien ou mal bâtie, de disserter sur les systèmes d'architecture, ou de discuter sur les qualités de ceux qui aident au sauvetage. La République, la Démocratie et le Peuple ne faisant qu'un à l'heure qu'il est, un apôtre ne peut guère être aujourd'hui que républicain et démocrate s'il veut être un apôtre populaire. Il peut être permis à un royaliste, à un dilettante, à un aristocrate, à un intellectuel, à un citoyen du passé, de l'avenir ou de l'idéal, — fût-il positiviste — d'échafauder des théories meilleures que le régime actuel et d'avoir raison en principe. Ces dissertations sont excellentes, mais il y a plus urgent que cela. Conquérir à la foi et à l'amour l'âme populaire, démocrate et républicaine ; la sauver, au sens catholique du mot, et par les seuls moyens possibles, en allant vers elle, sur son terrain tel qu'il est, en lui montrant un cœur sincère animé des mêmes aspirations de liberté, de fraternité, de progrès, de justice sociale et de protection des faibles ; rompre les préjugés qui séparent du catholicisme les masses républicaines, vaincre l'anticléricalisme qui se prévaut avec audace du monopole du zèle démocratique, détruire les déplorables associations d'idées qui ont paru lier dans notre pays le sort du progrès social à l'irréligion, donner à cette cause toutes les énergies de son âme, garder son cœur pur et le remplir de l'amour de Jésus-Christ afin de demeurer digne de travailler pour la Justice et pour la Vérité, voilà, certes, un idéal assez beau encore et assez grand, et cette œuvre est nécessaire. Car s'il est une politique qui compromet la religion, il en est une autre qui la libère des compromissions, la délivre des malentendus de la première. Les confondre serait à la fois une sottise et une injustice. On peut même dire qu'aujourd'hui le préjugé populaire est tel, que tout catholique qui ne sera pas connu comme sincèrement démocrate et ardemment républicain, sera classé comme réactionnaire et ennemi du peuple, ce qui est la véritable compromission de la religion par la politique.

Je sais que l'idée même de *démocratie* fut ces derniers temps de la part de royalistes positivistes ou de théologiens politiques, l'objet de discussions savantes ou passionnées, dont le beau livre de Charles Maurras, *le Dilemme de Marc Sangnier*, et un autre fort suggestif de M. le chanoine Delassus : *Vérités sociales et Erreurs démocratiques*, sont, je crois, les plus brillants échantillons. Mais outre que les grands mots ont souvent des sens multiples et que *démocratie* par exemple, synonyme pour les uns de *révolution*, de *barbarie du nombre*, de « culte de l'incompétence » ou de *matérialisme social*, l'est, pour les autres, de *démophilie* (1), de *justice*, de *liberté*, de *peuple* ou de *république*, — d'où les disputes) (2) —, Marc Sangnier souligne fort nettement le caractère tout pratique de son point de vue, dans les lignes suivantes à Charles Maurras :

« Au reste, pour intéressantes qu'elles soient, ces discussions théoriques ne laissent pas que d'être toujours un peu vaines par quelque côté. Et lorsqu'il s'agit de contingences sociales et politiques, les plus belles théories demeurent impuissantes si elles ne sont enracinées dans la vivante réalité. Or il n'y a plus en France le moindre loyalisme monarchique. Le duc d'Orléans ne saurait vraiment apparaître à personne comme le *premier des Français* (je ne voudrais du reste nullement lui faire un grief de ce qui résulte de circonstances indépendantes de sa volonté). » Tandis que les bons esprits de l'école néo-monarchiste s'enthousiasment surtout pour

(1) Il est certain toutefois que *démophilie* et *démocratie* sont deux choses très distinctes. Un monarchiste peut être démophile, et un démocrate ne pas l'être. « Tout *pour* le peuple » et « tout *par* le peuple » sont deux devises indépendantes.

(2) Il en est peut-être un peu de la *démocratie* comme du *libéralisme* qui, hétérodoxe en théorie, n'en est pas moins, comme la politesse, une vérité pratique.

un travail d'idées pures, les humbles camarades des *Sillons*, mêlés vraiment à ce qu'il y a de plus vivant dans la société contemporaine, travailleront non à bâtir un système qui satisfasse l'esprit, mais à conquérir des réalités (1).

(1) A supposer même, pour mettre les choses au pire, que les *Sillons catholiques* ne réussissent point à se constituer dans la plupart des diocèses, selon l'ordre ou le désir du pape; supposez que le *Sillon*, mortellement atteint, ne puisse se survivre en aucune forme extérieure et collective, il restera toujours l'action individuelle de ses membres. L'action, fût-elle invisible et dispersée, de tous ces Jeunes vibrants, au cœur de qui un chef héroïque infusa de si grands amours, ne saurait être inféconde, en dépit de ses nouvelles et multiples entraves. Les obstacles, débilitants pour les faibles, tendent les énergies des forts, comme la beauté de la poésie et du vers jaillit de la compression de la parole et des difficultés vaincues. Un fossé de plus en plus large se creuse entre l'Eglise et le Peuple, il faut des héros et des saints pour le franchir. Le Pape prévoyant les grands orages, resserre son petit troupeau dans le parcage sacré, dans le bercail étroit aux portes jointes, rappelant l'avant-garde qui s'éloignait quelque peu. Un vent de discorde et de délation souffle jusque dans les rangs des fidèles, complétant l'œuvre de ruine, de persécution et d'apostasie. Il suffit d'être catholique pour être suspect au dehors; il suffit d'être républicain ou moderne pour être suspect au dedans. Tandis que l'irréligion a pour elle toutes les chances de l'heure, toutes les habiletés et tous les succès, les serviteurs de Dieu ont tous les déboires, et, ce qui est pire, les méritent trop souvent. On m'assure que c'est un antimaçon notoire, fort zélé et

C'est ainsi (tant tout dépend du point de vue) que nos jeunes républicains, plus utopiques peut-être au champ de la théorie pure que leurs brillants rivaux de l'*Action française* (1), sont au contraire, du point de vue pratique et immédiat, plus positifs et plus réalistes assurément que les rêveurs d'une monarchie qui, fût-elle dotée de toutes les perfections et logée dans le luxe des plus beaux palais d'idées, des plus

savant d'ailleurs, qui après avoir semé dans son propre camp la désunion dont un chef éminent faillit être la victime, imagina de perdre le *Sillon* en l'accusant lui-même de complicité maçonnique. Mais les calomnies les plus grotesques, les situations les plus injustes, les plus inextricables difficultés ne sauraient abattre les vrais courages. Je crois à l'avenir des cœurs vaillants qui ayant eu la force d'obéir, peuvent avoir celle de vaincre.

(1) Je dis : peut-être, car l'idéalisme d'un Sangnier n'est-il pas au fond plus digne de l'homme, plus spécifiquement humain, *plus vrai* que la science matérialiste d'un Valois ou d'un Maurras, qui appliquent à la société humaine les lois de la biologie zoologique. — Pour M. Lionel des Rieux, la république est au même degré que l'embranchement des protozoaires dans la série animale. « La science d'aujourd'hui, écrit Léon Daudet, est pour nous. La biologie se fait monarchique et l'étude du cerveau nous mène de plus en plus à la conception d'une cellule-reine qui distribue le travail à la ruche ». Ces comparaisons sont-elles bien des raisons et n'en pourrait-on trouver d'aussi fortes en faveur de la thèse contraire?

somptueux édifices intellectuels, n'en demeure pas moins pour le moment, (sauf la part toujours grande de l'imprévu en histoire), la plus lointaine et la plus invraisemblable des chimères.

II

Les *Sillons* et l'*Action française*, ni ne contemplent les mêmes horizons, ni ne s'adressent aux mêmes esprits. De même qu'en astronomie le mouvement centripède se concilie au mouvement centrifuge, ou que la monarchie magnifique du soleil est en harmonieux accord avec la république et la fraternité des planètes, deux partis rivaux, deux programmes opposés en sociologie ou en politique ont souvent leur égale raison d'être et, à condition qu'ils ne soient pas négatifs, qu'ils n'aient pas pour essence la destruction ou la haine, comme le radicalisme ou la franc-maçonnerie, peuvent être également respectables.

Je sais que l'*Action Française* a des ennemis non moins féroces et pas toujours plus éclairés que la plupart de ceux du *Sillon*. J'ai lu les pages très fortement et très finement documentées de M. Lugan contre son amoralisme, contre son naturalisme et son fatalisme doctrinal et historique (mais on pourrait avoir tous les vices et bien résoudre un problème). Je n'ignore point que les chefs de ce groupement sont des athées (ce qui n'empêche pas d'ailleurs les plus intransigeants d'entre les orthodoxes, ceux-là mêmes qui se réjouissent des hérésies du *Sillon*, d'honorer et d'acclamer ces impies, parce que ces impies sont royalistes). Je trouve au reste fort bien, pour ma part, qu'il y ait des athées royalistes, et je voudrais que tous les athées le fussent, et même, s'il se pouvait et par surcroît, que tous les royalistes fussent des athées. Les inconvénients pour l'Eglise de l'alliance trop fameuse et trop funeste du Trône et de l'Autel, de l'Ancien Régime et du Prêtre dans l'imagination populaire, seraient ainsi évités, au plus grand profit de l'un et de l'autre. C'est l'une des raisons pour lesquelles j'acclame Charles Maurras, Henri Vaugeois et leurs pareils. Ils désolidarisent, en leurs personnes tout au moins, ce qui doit être désolidarisé, et font à cet égard, bien qu'en termes différents, exactement la même œuvre que Sangnier lui-même qui montre unies et réconciliées les deux grandes forces qu'on met trop souvent en guerre : la *République et l'Eglise*, la *Démocratie et la Religion*.

L'athée royaliste et le chrétien démocrate

rendent ainsi, chacun à sa façon, le même service à la même cause, qui doit leur en avoir une égale reconnaissance. Mais ils rendent, en outre, à cette même cause sacrée, des services très différents, en ce que le catholicisme, dont ils se proclament l'un et l'autre — et désormais sans le compromettre — les défenseurs (1), est envisagé par eux sous des aspects très divers, qui permettent à un plus grand nombre d'esprits, à de plus variées catégories d'âmes, de le saisir et d'en dégager la force, la vertu ou la beauté.

Car, — et au lieu de leur en faire un grief, n'est-il point juste d'y voir un titre à notre admiration et à notre gratitude, — ces athées se déclarent catholiques, admirateurs de l'Eglise, et, pareils à ce brave Jules Soury, point très logique mais si généreux, peuvent écrire des lignes comme celles-ci : « Lors des dernières persécutions religieuses, quand on vit les gens de police expulser de pauvres religieux des cellules de leurs cloîtres, il n'y eut pas que des bourgeois qui sortirent dans la rue aux bras des Jésuites et des Dominicains : des hommes du peuple, des écrivains, des philosophes, des athées, au sens scientifique du mot, saluèrent très bas ces exilés... Parler à notre époque de l'oppression des cons-

(1) « Je n'imagine pas une politique française qui puisse se montrer, je ne dis pas hostile, mais indifférente au catholicisme ». (Maurras.)

ciences par l'Eglise, c'est vraiment user de clichés. Ceux qui demain peut-être, marcheront en France derrière les croix et les épées contre l'ennemi commun, viendront de tous les rangs de la société comme de tous les diocèses de la vieille France, sans excepter le grand diocèse de la pensée libre ».

Sens de la tradition, de la famille, de la race, tel est d'abord ce qui rapproche plusieurs d'entre eux du catholicisme. L'auteur matérialiste du *Système nerveux central*, se sent catholique surtout par amour de sa mère et de son pays, et ces deux motifs, pour n'avoir rien de très intellectuels, n'en sont pas moins vénérables. D'autres vont plus loin. « Le respect de Jules Soury pour le catholicisme, dit M. Léon de Montesquiou, vient de ce qu'il considère comme une règle de vie le respect de la tradition sous toutes ses formes. Le respect de Comte vient de ce qu'il regarde le catholicisme comme le plus beau et le plus puissant instrument de civilisation qui soit apparu jusqu'ici dans l'humanité. » Dans la très remarquable préface d'un de ses volumes, le *Dilemme de Marc Sangnier*, préface qui est toute une philosophie, M. Charles Maurras donne des motifs plus profonds encore de son admiration pour l'Eglise catholique. Il faut citer ces vastes pages :

« On se trompe souvent, écrit ce grand et puissant penseur, sur le sens et sur la nature des raisons pour lesquelles certains esprits irréligieux, ou sans croyance religieuse, ont voué au catholicisme un grand respect, mêlé d'une sourde tendresse et d'une profonde affection. *C'est de la politique*, dit-on souvent. Et l'on ajoute : —*Simple goût de l'autorité*. On poursuit quelquefois : *Vous désirez une religion pour le peuple*. Sans souscrire à d'aussi sommaires inepties, les plus modérés se souviennent d'un propos de M. Brunetière : « L'Eglise catholique est « un gouvernement, » et concluent : — *Vous aimez ce gouvernement fort*.

« Tout cela est frivole, pour ne pas dire plus. Quelque étendue que l'on accorde au terme de gouvernement, en quelque sens extrême qu'on le reçoive, il sera toujours débordé par la plénitude du grand être moral auquel s'élève la pensée quand la bouche prononce le nom de l'Eglise de Rome. Elle est sans doute un gouvernement, elle est aussi mille autres choses. Le vieillard en vêtements blancs qui siège au sommet du système catholique peut ressembler aux princes du sceptre et de l'épée quand il tranche et sépare, quand il rejette ou qu'il fulmine ; mais la plupart du temps son autorité participe de la fonction pacifique du chef de chœur quand il bat la mesure d'un chant que ses choristes conçoivent comme lui, en même temps que lui. La règle extérieure n'épuise pas la notion du catholicisme, et c'est lui qui passe infiniment cette règle. Mais où la règle cesse, l'harmonie est loin de cesser. Elle s'amplifie au contraire. Sans consister toujours en une obédience, *le Catholicisme est partout un ordre.* C'est à la notion la plus générale de *l'ordre* que cette essence religieuse correspond pour ses admirateurs du dehors.

« Il ne faut donc pas s'arrêter à la seule hiérarchie visible des personnes et des fonctions. Ces gradins successifs sur lesquels s'échelonne la majestueuse série des juridictions font déjà pressentir les distinctions et les classements que le Catholicisme a su introduire ou raffermir dans la vie de l'esprit et l'intelligence du monde... La conscience humaine dont le plus grand malheur est peut-être l'incertitude, salue ici le temple des définitions du devoir.

« Cet ordre intellectuel n'a rien de stérile. Ses bienfaits rejoignent la vie pratique. Son génie prévoyant guide et soutient la volonté, l'ayant pressentie avant l'acte, dès l'intention en germe, et même au premier jet naissant du vœu et du désir. Par d'insinuantes manœuvres ou des exercices violents répétés d'âge en âge pour assouplir ou pour dompter, la vie morale est prise à sa source, captée, orientée et même conduite, comme par la main d'un artiste supérieur.

« Pareille discipline des puissances du cœur

doit descendre au-delà du cœur. Quiconque se prévaut de l'origine catholique en a gardé un corps ondoyé et trempé d'habitudes profondes qui sont symbolisées par l'action de l'encens, du sel ou du chrême sacrés, mais qui déterminent des influences et des modifications radicales. De là est née cette sensibilité catholique, la plus étendue et la plus vibrante du monde moderne, parce qu'elle provient de l'idée d'un ordre imposé à tout. Qui dit ordre, dit accumulation et distribution de richesses : moralement, réserve de puissance et de sympathie.

« *Eglise catholique*, *Eglise de l'Ordre*, c'étaient pour beaucoup d'entre nous deux termes si évidemment synonymes qu'il arrivait de dire : un livre « catholique » pour désigner un beau livre, classique, composé en conformité avec la raison universelle et la coutume séculaire du monde civilisé... Nous admirions quelle inimitié ardente, austère, implacable, ont montrée aux œuvres de l'art et aux signes de la beauté les ennemis les plus résolus de l'organisation catholique. Luther est iconoclaste comme Tolstoï, comme Rousseau. Leur commun rêve est de briser les formes et de diviser les esprits. C'est un rêve anticatholique. Au contraire, le rêve d'assembler et de composer, la volonté de réunir, sans être des aspirations nécessairement catholiques, sont nécessairement les amis du catholicisme. A tous les points de vue, dans tous les domaines et sous tous les rapports, *ce qui construit est pour, ce qui détruit est contre;* quel esprit noble ou quel esprit juste peut hésiter?...

« Je suis *Romain*, parce que Rome, dès le consul Marius et le divin Jules jusqu'à Théodose, ébaucha la première configuration de ma France. *Je suis Romain*, parce que Rome, la Rome des prêtres et des papes, a donné la solidité éternelle du sentiment, des mœurs, de la langue, du culte, à l'œuvre politique des généraux, des administrateurs et des juges Romains... *Je suis Romain*, dès que j'abonde en mon être historique, intellectuel et moral. *Je suis Romain*, parce que si je ne l'étais pas je n'aurais à peu près plus rien de français. Et je n'éprouve jamais de difficultés à me sentir ainsi Romain, les intérêts du catholicisme romain et ceux de la France se confondant presque toujours, ne se contredisant nulle part. Mais d'autres intérêts, plus généraux, sinon plus pressants, me font une loi de me sentir *Romain*.

« *Je suis Romain, dans la mesure où je me sens homme* : animal qui *construit* des villes et des Etats, non vague rongeur de racines; animal *social* et non carnassier solitaire; cet animal qui, voyageur ou sédentaire, excelle à capitaliser les acquisitions du passé et même à en déduire une loi rationnelle, non destructeur errant par hordes et nourri des vestiges de la ruine qu'il a créée. *Je suis Romain par tout le positif de mon être*, par tout ce qu'y joignirent le plaisir, le travail, la pensée, la mémoire, la raison, la science, les arts, la politique et la poésie des hommes vivants et réunis avant moi. Par ce trésor dont elle a reçu d'Athènes et transmis le dépôt à notre Paris, Rome signifie sans conteste la civilisation et l'humanité. *Je suis Romain*, je *suis humain* : deux propositions identiques...

« Tout désormais s'explique par une différence, la plus claire du monde et la plus sensible : un *oui*, un *non*. Ceux-là ne veulent pas, ceux-ci veulent, désirent. Quoi donc? *Que quelque chose soit, avec les conditions nécessaires de l'Etre.* Les uns conspirent à la vie et à la durée : les autres souhaitent, plus ou moins nettement, que ce qui est ne soit bientôt plus, que ce qui se produit avorte, enfin que ce qui tend à être, ne parvienne jamais au jour. Ces derniers constituent la vivante armée de la mort ; ils sont l'inimitié jurée, directe, méthodique, de ce qui est, agit, recrute, peuple : on peut les définir une contradiction, une critique pure, formule humaine du néant.

« Le *oui*, le *non* : double série des causes contraires en travail. *Le positif est catholique et le négatif ne l'est pas.* A tous les degrés de l'échelle, *l'Etre faiblit quand mollit l'ordre ;* il se dissout pour peu que l'ordre ne le tienne plus. Les déclamateurs qui s'élèvent contre la règle ou la contrainte au nom de la liberté ou du droit, sont les avocats plus ou moins dissimulés du néant. Inconscients, *ils veulent l'Etre sans la condition de l'Etre* et, conscients, leur misanthropie naturelle, ou leur perversité d'imagination, ou quelque idéalisme héréditaire transformé en folie furieuse les a déterminés à rêver, *à vouloir le rien.*

« Je crois profondément que plusieurs des modernes ennemis du catholicisme conçoivent ce désir avec lucidité. Ils sont radicalement destructeurs, destructeurs avec conscience. Ils nourrissent la claire cupidité du néant. Ils en éprouvent la délectation certaine, absurde et terrible. Comment ne pas être contre eux? Comment ne pas courir à l'aide *du génie de la construction en péril?* »

A ces pages splendides d'intuition et de profondeur, nous venons de reconnaître la touche d'un magistral et puissant esprit dont la position, pour être antipodique à celle d'un Marc Sangnier, dont il reste d'ailleurs, au fond, l'ami autant que l'adversaire, ne saurait être moins sympathique à tout esprit large, capable d'embrasser et d'admirer les points de vue divers de la vérité une, les aspects opposés de l'orthodoxie aux multiples faces. Pour moi, et comme catholique, j'aime et honore d'un culte de sympathie presque égale, ces deux extrêmes où éclatent à nos yeux la richesse et la féconde complexité du catholicisme : le *Sillon* et l'*Action française*, l'un se réclamant plutôt de l'Evangile, de l'esprit de liberté et d'égalité dont il tire la Démocratie et la République, l'autre exaltant l'Eglise de l'ordre et l'autorité dont il tire la Hiérarchie et la Monarchie.

Or, la Liberté et l'Ordre ne sont-ils pas les deux pôles de la vie sociale et politique ? Comme le déclare un autre puissant et libre esprit, M. Deherme, en un article paru dans *Paris-Journal*, où il proclame la nécessité d'un *Pouvoir spirituel* : « Nous n'opposerons donc pas l'ordre à la liberté. Sachant seulement, comme je l'écrivais à la première page de mon livre *La Démocratie vivante*, que « la liberté n'est qu'une condition « de vie plus intense, tandis que l'ordre est « une condition de vie essentielle », nous aurons d'abord, dans la crise dangereuse que nous traversons et qui s'aggravera jusqu'à la catastrophe définitive, le souci de l'ordre. Mais nous n'oublierons jamais que c'est pour donner des assises inébranlables à nos libertés. »

D'ordinaire, les passionnés d'ordre, sont plutôt d'instinct monarchistes. Les amis de la liberté sont plus facilement républicains. Mais ces mots, République et Monarchie tendent, semble-t-il, dans les esprits supérieurs, à se rapprocher par leur contenu nouveau, par la conception plus complète et plus subtile que s'en font leurs plus modernes théoriciens. L'éminent libre-penseur républicain, directeur de la *Coopération des idées*, M. Deherme que je viens de citer, se fait de la démocratie une idée telle que, loin d'exclure la souveraineté d'un seul, elle l'appelle et l'implique, aboutissant presque, en somme, à une organisation sociale voisine de celle de l'*Action française*.

« Nous ne renierons point la Démocratie, écrit-il, encore que cela devienne à la mode. Mais nous la définirons. Nous ne la solidariserons pas avec les exploiteurs de la démocratie. Nous distinguerons avec soin la démocratie qui se réalise vraiment par nos efforts patients, de celle des mots sonores ; celle *des forces vives*, de celle *du nombre amorphe*.

« On s'en tient, je le sais, à celle des mots. C'est donner trop beau jeu pour s'en servir ou pour la dénigrer... Certes, *si la démocratie n'était que le nombre inorganique, ce serait la superstition la plus imbécile qui ait pu hébéter un peuple*, et pour le perdre sans recours. Car le nombre peut s'agiter au nom de vagues abstractions : il ne peut rien fonder ni même rien maintenir. Il n'est favorable qu'aux tribuns redondants derrière lesquels manœuvre la ploutocratie. Ce n'est donc, en définitive, qu'une ploutocratie déguisée. Ainsi, la participation de tous les citoyens à la seule fonction de la direction politique est une duperie. Et cela ne peut aboutir qu'à une formidable démagogie.

« *La démocratie vivante*, au contraire, c'est la participation *de toutes les forces sociales organisées :* familles, régions, associations, syndicats, universités, etc. au progrès de la société toute entière, c'est-à-dire au développement de l'ordre... Il n'y a pas de liberté sans société, puisque la liberté positive n'est que le développement des forces sociales, et il n'y a pas de société sans gouvernement. C'est là la condition fondamentale.

« Plus la société est complexe, plus le gouvernement doit être spécialisé et perfectionné. La démocratie, par le jeu des libertés dont elle vit, est une société extrêmement complexe. Elle exige donc, comme tous les systèmes très complexes, une direction politique unique, continue, indépendante et responsable... Nous ne reconstituerons *nos libertés, qui sont toute la démocratie de fait, que dans l'ordre.* »

Et cet *ordre*, presque monarchique, M. Deherme le rêve en même temps religieux, puisqu'il veut, à l'instar d'Auguste Comte, que sa dictature politique soit réglée ou plutôt compensée, contrebalancée par un *Pouvoir spirituel.* Il se considère cependant comme un excellent républicain et un parfait démocrate.

En un remarquable article d'une autre revue,

le Social, organe de la fédération des groupes d'études et d'action sociale du Sud-Est, je vois que la Démocratie admet l'existence d'une Noblesse, de même que l'un des principes du *Sillon* est la nécessité d'une Elite. « La noblesse, qui est dans la société, dit ce journal, ce que la beauté est dans la nature ou dans les arts, n'est point incompatible avec la démocratie. On pourrait même soutenir que la véritable notion d'aristocratie coïncide avec la véritable notion de démocratie. L'élite nécessaire aux démocraties, est plus véritablement aristocratique que la noblesse des aristocraties. Les démocraties ne suppriment pas la noblesse, elles la déplacent, pour essayer de la faire coïncider avec la valeur véritable. Dans l'histoire de l'idée de noblesse, la démocratie représente la phase où cette idée parvient à sa plus grande hauteur.

« L'ancienne noblesse pensait « déroger » dans toute autre carrière que la carrière des armes. Plus fine et mieux avertie, l'aristocratie libérale qui lui a succédé a vu plus de noblesse dans les carrières de l'intelligence. Mais, plus clairvoyante que les gentilshommes et les mandarins, la démocratie pense que toutes les carrières peuvent conduire à la véritable noblesse, et la noblesse a cessé d'être une classe pour devenir une élite.»

Et d'autre part, tandis que la démocratie la plus consciente, la plus scientifique, s'oriente vers les idées d'autorité, de noblesse, d'élite, de pouvoir spirituel (1), le monarque, tel que le conçoivent à leur tour les royalistes de la nouvelle école, n'est nullement, écrit Maurras à Sangnier, « un factotum suffisant à tout, en vertu d'on ne sait quelle satrapique omnipotence. Sans doute un roi rétablit l'ordre, et, l'ordre rétabli, il se réserve en propre le domaine de pure politique qui n'est qu'à lui : la diplomatie et la guerre, la haute police et la haute justice... Mais, cette sphère de l'Etat bien réservée et mise à part, la monarchie n'apporte aucunement aux bons citoyens, aux associations nationales, aux groupements religieux une besogne toute faite, mais, simplement, la faculté d'exister librement, de se développer sans contrainte, de vivre en paix sous des lois justes. Si donc, l'ordre était rétabli par la Monarchie, elle ne rendrait pas le

(1) Elle fait même... « le procès des démocraties ». C'est le titre d'un article où M. Paul Renaudin, l'un des fondateurs du *Sillon*, attire impartialement dans *l'Eveil démocratique* l'attention de ses lecteurs sur les griefs de « nombreux penseurs d'aujourd'hui », les Fouillée, les Faguet, les Benoist, les Maurras, contre la démocratie : tyrannie du nombre, barbarie mathématique, égalitarisme faux, culte de l'incompétence, flatterie du peuple, surenchère des partis, matérialisme des foules, oppression fatale des libertés supérieures, instabilité forcée des gouvernements démocratiques, leur irresponsabilité, etc. « Gouvernement des enfants par les enfants et pour les enfants ». (*Eveil*, 27 mars 1910.)

Sillon inutile, comme vous l'avez dit; cet ordre permettrait au *Sillon* de se développer en toute sûreté; ce que vous appelez *la démocratie organique*, ce que nous nommons *la nation organisée* aurait tout à faire : le travail pourrait commencer. Les gens de bien pourraient concevoir l'espérance d'agir enfin *utilement*.

« Qu'est-ce que l'ordre, en toute chose, si ce n'est la possibilité d'un mouvement heureux, *le moyen du progrès rapide?* L'ordre n'est qu'un moyen. C'est un point de départ. Rétablir l'ordre restitue une atmosphère favorable à l'activité charitable ou patriotique, économique ou religieuse. Cet ordre rend l'œuvre possible ou meilleure. Il lui garantit la durée, lui fournit des auxiliaires ou des protecteurs. Réfléchissez, vous verrez bien que le monarque fait précisément la condition même de tout ce que votre œuvre comporte d'utile. Cet homme d'armes veille sur le Sillon que vous tracez. Il vous dispense de labourer l'épée à la main. Me direz-vous qu'il est plus beau et plus digne de faire à la fois les deux choses? Je crois, tout au contraire, mon cher Sangnier, que cela est fort laid. Non, cela n'est pas digne d'une civilisation avancée, d'un genre humain sorti de ces confusions de pouvoirs qui sont naturelles aux sauvages. Le beau et le digne, cela consiste à faire quelque chose bien. Cela exige donc quelque division de travail. Plus l'épée et le sceptre sont tenus d'une main exercée et habile, plus vous avez loisir et chance de conduire votre labour. »

Un despote gardien des libertés essentielles, quel paradoxe, s'écrie M. Jean Lyonnet, dans la *Revue hebdomadaire*, et M. Deherme, l'auteur républicain de la *Démocratie Vivante*, de lui répondre : « Ce serait un paradoxe en effet, si ce dictateur devait être une sorte de maître dans l'anarchie, une force isolée dans l'universelle impuissance du désordre, s'il n'y avait devant sa volonté et ses caprices qu'une poussière sociale. Certes, ce ne serait pas pire que le parlementarisme ; mais ce ne serait guère mieux. Ce n'est pas le dictateur, le sabre, l'homme, « l'homme « au fouet » dont parle Georges Valois, à qui on fait appel ici, ce sont *les conditions de l'ordre social*, de la puissance politique qu'on envisage. Et ces conditions s'expriment ainsi pour la fonction politique : une dictature, c'est-à-dire *une direction unique, continue, indépendante et responsable*. En annonçant que cette forte autorité sera gardienne des libertés, on présuppose ces libertés *constituées*, ou en voie de constitution. *Or, les libertés, ce sont des forces sociales organisées*. Une force n'est limitée que par une autre force.

« Loin d'être contraire aux libertés qui seules vivifient la démocratie, la dictature leur est indispensable. On conviendra qu'il y a loin de cette conception organique de la démocratie au grossier expédient, auquel des bourgeois apeurés auraient volontiers recours aujourd'hui, pour se préserver de l'impôt sur le revenu ou mater le syndicalisme. D'autre part, les libertés qui prendront un vigoureux essor dans l'ordre rétabli, — dont le syndicalisme, — sauront bien empêcher « la dictature empirique », comme disait Auguste Comte, par laquelle nous passerons, de dégénérer « en tyrannie rétrograde ».

Et dans une lettre à M. Trarieux, le même penseur conclut : « Je veux donc, en effet, une dictature; *mais limitée à sa fonction politique propre*. Je veux aussi *de fortes libertés, dans tout le pays, à tous les étages sociaux*. C'est par goût des libertés positives que je hais la basse tyrannie parlementaire. Je suis tout le contraire d'un royaliste. » — D'un royaliste d'ancien régime peut-être, mais les royalistes de *l'Action Française* ont exactement le même idéal, la même mentalité que ce républicain libre-penseur d'avant-garde. L'hérédité les sépare, rien de plus. Et ils se rejoignent encore dans cet autre vœu de M. Deherme :

« Sans doute, positiviste, je travaille de toutes mes forces à la reconstitution du pouvoir spirituel. C'est que je crois nécessaire, pour l'ordre fondamental comme pour les libertés vivifiantes, de limiter le pouvoir temporel, de le régler et de le sanctionner. D'autre part, le catholicisme étant la religion naturelle des Français, la mieux constituée, la plus positive aussi, il ne me semble pas admissible de l'exclure de la direction de l'opinion publique. Il faut être les niais et bas politicailleurs que sont la plupart de nos parlementaires, pour s'imaginer qu'on gouverne un pays contre l'âme que lui ont faite les siècles. »

III

Ainsi semble-t-il que toutes ces idées qui nous divisent, démocratie et monarchie, autorité forte et jalouse liberté, tradition et progrès, pouvoir politique et pouvoir spirituel, travaillent déjà à opérer leur conciliation en quelques têtes puissantes et philosophiques. Mais il n'est point dit que la philosophie soit la règle de la réalité, et pour l'heure nous trouvons en présence des partis qui se divisent encore tous ces apparents contraires. Peut-être ce partage est-il favorable au relief plus vigoureux des idées. Peut-être le *Sillon*, parce qu'il est évangélique et républicain, plutôt qu'ecclésiastique et monarchique, a-t-il, et donne-t-il à ses fidèles, un sentiment plus vif de la liberté et de la responsabilité individuelle, de cette conscience, qui, pour avoir servi trop souvent, au dire de M. Bourget « d'étiquette solennelle à l'anarchie », n'en est pas moins la base de l'ordre intime, au moins aussi nécessaire et plus élevé que l'ordre extérieur. Mais ce dernier, et précisément parce qu'elle est positiviste et s'occupe peu des âmes, la philosophie de l'*Action Française* a su en déterminer les conditions matérielles et politiques avec une précision plus savante, qui a conquis à l'Eglise elle-même, « à l'Eglise de l'ordre » et de l'autorité, à laquelle Maurras dédie son livre, autant de recrues, si on les pèse, que l'apôtre Marc Sangnier a pu en conquérir, s'il est permis de les dénombrer, à l'Eglise du Christ et de l'Evangile.

Idéaliste, *le Sillon* attire à lui les idéalistes et vit, comme les chevaliers, d'enthousiasme pour la plus noble des causes. Réaliste, l'*Action Française* s'adresse aux positifs, aux sociologues, aux chimistes de l'Histoire, et leur sert de l'Auguste Comte.

Celle-ci nous libère de l'illusion un peu niaise que la France soit née en 89 et que nos pères aient été plus sots que nous. Celui-là nous donne le sentiment de l'ambiance et des aspirations contemporaines.

Avec les Taine et les Le Play, Maurras scrute le passé en positiviste; Sangnier, comme Lacordaire, est tourné vers l'avenir, et les deux attitudes sont excellentes. « Le passé, nos pères l'ont fait, l'avenir c'est à nous de le faire », a dit le chef du *Sillon* (1). Fort bien; mais ce que nos

(1) « Eh quoi, nous catholiques, nous avons des rai-

pères ont fait, n'est point étranger à ce que nous devons faire nous-mêmes, nous sommes « racinés » dans les morts, qui parlent en nous, et il y a une loi d'hérédité comme il y a une loi de progrès. L'Histoire, dit très justement Sangnier, « prouve que les organisations sociales et politiques *sont essentiellement changeantes* et variables, correspondant successivement aux diverses phases de l'évolution même des sociétés. » Mais la même Histoire, lui répond Maurras avec non moins de raison, « prouve aussi et d'abord le contraire, à savoir que bien des choses *ne changent pas*, dans l'organisation politique et sociale : c'est le précieux de son enseignement que de livrer à un historien philosophe ce que Le Play appelle « la constitution essentielle des Sociétés. »

sons de nous dévouer au bien commun que n'ont pas les autres, nous sommes les fils de ce Dieu qui est mort pour tous les hommes, qui a maudit les Pharisiens et dont la cour était composée des plus pauvres, des plus déshérités, et c'est nous qui serions toujours à l'arrière-garde de la société avec le poids mort de de toutes les réactions impuissantes ! N'y a-t-il pas là la plus étrange des contradictions? » (Meeting de *l'Union pour l'éducation civique* (21 juillet 1910). Et Sangnier adjure ses jeunes auditeurs de « devenir les pionniers de toutes les réformes hardies et de tous les progrès généreux sur le terrain des réalisations sociales les plus courageuses ». (*Vifs applaudissements*) — Seulement notre orateur confond toujours « social » et « démocratique ». C'est d'ailleurs le langage usuel.

Sangnier croit que « la transformation sociale et l'évolution morale nécessitent l'élaboration d'une organisation démocratique », Maurras que « les ouvriers de la société future ont le devoir de travailler à l'avenir, non (comme on nous le fait dire avec une rare sottise) d'après les anciens plans, mais *sur des plans conformes à ces grandes lois éternelles* qui permirent aux anciens plans d'être suivis. »

Maurras voit peut-être juste en disant qu' « organiser signifiant différencier, c'est-à-dire créer des inégalités utiles », démocratiser au contraire signifiant égaliser, la démocratie est une forme organiquement inférieure (1). Mais outre que la solution démocratique du *Sillon* peut paraître, comme le dit Sangnier, « tout à la fois supérieure en dignité morale, plus opportune et plus aisée à l'heure actuelle dans notre pays » que la solution monarchique, il se peut qu'une forme même inférieure, si on réussit à la pénétrer d'une grande âme, c'est-à-dire ici de l'esprit

(1) « Organisation démocratique... autant dire un *cercle carré !* On n'organise pas la Démocratie. On ne démocratise pas l'organisation. Démocratiser une organisation, c'est y introduire la désorganisation. » (*Le Dilemme de Marc Sangnier*, p. 150) « L'une des premières conditions de la rénovation de l'intelligence catholique en France, serait de renoncer au mot de démocratie. Or Sangnier tuerait père et mère pour l'amour de ce mot » (p. 217).

chrétien, puisse l'emporter sur une forme plus parfaite qui ne serait qu'extérieure et vide. — Reste à savoir, il est vrai, quel est le plus simple de ces deux problèmes : Christianiser la République, établir la monarchie.

L'idéal de Sangnier est plus intime et plus mystique. « Faire de chaque électeur un saint en le dotant d'une âme de roi », serait à ses yeux la réalisation suprême de la démocratie idéale (1). Plus physiologue, Maurras, lui, se demande « si avant d'élever une nation à la dignité angélique, il ne conviendrait point de lui donner les attributs des animaux supérieurs : un cerveau directeur, un système nerveux central et des organes adaptés aux différences fonctionnelles ».

Sangnier est essentiellement chrétien. Le Christ est pour lui la force sociale par excellence, « la seule, dit-il, que nous sachions victorieusement capable d'identifier l'intérêt général et l'intérêt particulier ». Maurras, lui, n'admet pas le christianisme tout court, « le christianisme inorganique qui dicta la Réforme et la Révolution ». « Le christianisme non catho-

(1) Maurras en convient, mais un peu ironiquement: « Quand tous les Français seront non seulement catholiques, mais bons catholiques, et, de plus, pénétrés de la plus ascétique morale du renoncement et de l'amour pur, cette sainte nation réalisera certainement le type achevé de la République altruiste » (p. 222).

lique, écrit-il, est odieux, c'est le parti des pires ennemis de l'Espèce. Tous les faux prophètes, jusqu'à Rousseau, jusqu'à Tolstoï, ont été de fervents chrétiens non catholiques. Ils ont semé la barbarie et l'anarchie » (1).

Mais, *catholique*, lui certes, nous l'avons vu, il prétend l'être. « Toutes nos idées favorites, *ordre, tradition, discipline, hiérarchie, autorité, continuité, unité, travail, famille, corporation, décentralisation, autonomie*, organisation ouvrière, ont été, dit-il, conservées et perfectionnées par le catholicisme. Comme le catholicisme du moyen-âge s'est complu dans la philosophie d'Aristote, notre naturalisme social prend dans le catholicisme un de ses points d'appui les plus solides et les plus chers ».

Selon M. René de Marans, c'est la réforme de l'individu qui est pour Sangnier le but de l'organisation sociale. « Dès lors, dit-il, il en vient à préférer de tous les systèmes, celui qui nécessiterait pour l'individu le plus d'efforts... C'est la raison de l'admiration de Marc Sangnier pour le régime démocratique, l'organisation sociale *qui tend à porter au maximum la conscience et la responsabilité de chacun* », selon la formule sillonniste. Dans un pareil

(1) Par « cette doctrine libérale, individualiste, révolutionnaire, Kantiste, Jean-Jacquiste et Luthérienne, qui a fait, nous pouvons le dire, l'objet presque constant de l'étude de notre groupe » (p. 212).

système, ajoute avec un peu de paradoxe M. de Marans, il est assez naturel d'en venir « à souhaiter les institutions qui soutiennent *le moins* l'homme. Plus l'individu manquera de protection du côté de l'organisation sociale, plus il aura besoin, en effet, d'un appui intense, et cet appui est tout trouvé : c'est la foi au Christ » (1). Il est tout naturel, en revanche, que M. Maurras qui, lui, ne croit pas au Christ, cherche dans la solidité complexe d'une organisation extérieure très forte, un appui plus matériel, j'allais dire plus matérialiste.

Sangnier comprend mieux la grandeur de l'individu, de l'homme moral et spirituel, de l'âme ; la beauté et la souveraineté de la conscience, la loi d'amour, de liberté et de progrès des sociétés nées de l'Evangile. Maurras, dont le nationalisme est au fond du naturalisme, la politique de la physique supérieure, saisit mieux l'homme dans ses racines terrestres, *famille*, *patrie*, *traditions*, (mots que le *Sillon* ne prononce guère) (2). Avec

(1) Maurras développe ce point de vue avec sa verve caustique : « La démocratie est l'état de *désorganisation* sociale qui tend à porter au maximum la conscience et la responsabilité civique de chacun... En donnant aux mauvais toute facilité pour faire le mal en claire conscience et en responsabilité directe... la démocratie est une épreuve dont une âme ferme et une âme chrétienne doit faire son profit... La démocratie a le même avantage que le martyre... » (*Le Dilemme*, p. 243-245)

(2) Dans le drame *Par la mort*, le respect filial est

les auteurs des *Déracinés*, de *la Terre qui meurt*, de *l'Etape*, des *Roquevillard*, l'école néo-monarchiste étudie l'homme concret, produit de la race et du sol, objet de science positive, non plus l'être cosmopolite et indéterminé des principes de 89 et des *Droits de l'Homme*, « qui posent, dit M. Bourget, comme donnée première du problème gouvernemental, *l'homme en soi*, la plus vide, la plus irréelle des abstractions ».

De plus, il y a tout un côté de la vie politique actuelle et de l'Histoire qui semble échapper à l'optique sillonniste ou, plus généralement, libérale : rôle des Juifs, puissance des sociétés secrètes, que MM. Drumont et Copin-Albancelli ont mis en si vive lumière. En revanche, les antimaçons et antisémites, presque tous antirépublicains, ont peut-être, pour lutter contre l'ennemi, une tactique inférieure à celle qui le combat par ses propres armes : République, liberté.

Sangnier christianise le beau côté, chrétien

sacrifié à la fraternité sociale. Ce que Sangnier aime, au fond, dans la France, ce n'est pas la *patrie* (dont, au rebours, ses adversaires se font une idole); c'est l'apôtre des grandes et nobles Causes. Des deux tendances opposées dont l'oscillation et le balancement semblent résumer notre histoire depuis 1789, *humanitarisme* et *nationalisme*, Sangnier suit plutôt le premier courant, Maurras le second, — de même qu'ils se partagent les deux grands amours de l'homme : « pro *aris* et *focis* ».

ou non d'origine, de la Révolution française, l'esprit de liberté, d'égalité, de fraternité. S'il est bien loin de « remplacer le *Credo* par les dogmes de 89 », ainsi qu'on l'en a calomnié, il ne les croit pas incompatibles. Maurras, lui, voit l'autre face du monstre, la face de destruction et de désagrégation. Mais, comme il est dit que les grands esprits se rejoignent presque toujours par les hautes lignes de leur pensée, ces deux hommes de tempéraments si opposés, sont pareillement, quoiqu'en dise l'*Action française,* les ennemis de cet individualisme révolutionnaire qui émiette le citoyen isolé en face de l'Etat omnipotent, et un même besoin de libération par le groupement les amène — bien loin l'un et l'autre de Rousseau — à l'organisation des forces sociales.

Car ils sont tous deux les ennemis du despotisme. Maurras raille l'Etat s'appliquant à mille besognes qui ne sont pas les siennes. « Il est, par exemple, fabricant d'allumettes ou marchand de tabac. Il est maître d'école et hospitalier. Il se divertit même à se faire marguillier. Tel est l'Etat moderne en France : toujours poussé hors de sa spécialité, de sa sphère professionnelle, il se substitue sans relâche à l'initiative des citoyens et des groupes de citoyens. Il invente donc chaque jour quelque occasion nouvelle de les gêner et de les molester. »

Cette « initiative des citoyens et des groupes

de citoyens », Sangnier la conçoit surtout sous forme de syndicats et de coopératives, Maurras sous forme de groupements constitués par la nature même, organismes essentiels que le pouvoir doit respecter et protéger et qui sont les familles, les communes, les provinces, les professions, les croyances : autant de catégories sociales qu'on nommait autrefois des *états*.

Bref, pour Maurras, la société tout entière est un corps organisé et vivant, et je crois bien que c'est aussi le vœu de Sangnier. Mais pour Maurras il y a dans la société des inégalités naturelles, nécessaires, inévitables, d'où résulte la hiérarchie. Sans la hiérarchie il n'est pas d'ordre social possible, on n'y échappe que pour tomber dans l'anarchie qui n'est pas autre chose que le désordre social.

Maurras nomme Sangnier « un anarchiste chrétien ». Mais celui-ci, plus préoccupé des forces morales, saisit mieux la nécessité d'organiser avant tout la société *par le dedans* (1). Anarchiste, il l'est à cet égard moins qu'un

(1) D'autres l'ont dit : « Le mal n'est pas à la surface, il est au fond, il n'est pas tant dans les organisations que dans les âmes. Transformer les âmes, créer dans une élite un état d'esprit fait de générosité, de désintéressement et capable d'initiatives hardies et dévouées, voilà, encore une fois, la tâche nécessaire. » (*Semaine religieuse de Bourges*, 14 mai 1910.) Peut-on mieux définir le *Sillon* lui-même?

athée, même catholique, car l'athée ne peut rien sur l'âme. Il reste à ce dernier d'organiser la société *par le dehors*, ce qui est bien quelque chose. Il est certain, au surplus, que Maurras comprend mieux la hiérarchie, et Sangnier mieux la dignité humaine (1).

Leurs procédés et leur esprit ne diffèrent pas moins, mais sans être plus inconciliables. Je préfère quant à moi, la douceur et la persuasion, mais je conçois néanmoins l'utilité possible, en un temps d'anarchie où la bête humaine peut être incessamment déchaînée, d'une école de culture physique, et le coup de poing, même le coup de force, reste dans certains cas la ressource suprême de la légitime défense d'un homme ou d'une société en péril de mort. La paix est le plus grand bien, mais la guerre, sans l'envisager du point de vue transcendant d'un de Maistre, peut être nécessaire, ce qui est sa meilleure apologie. Je préfère le magnifique

(1) Les « contraires » (je ne dis pas les « contradictoires ») se complétant ainsi l'un par l'autre, chacun d'eux ayant ses *lacunes* comme ses *mérites* propres, il est naturel que des évêques mêmes, selon qu'ils envisagent, dans le *Sillon* par exemple, celles-là ou ceux-ci, puissent blâmer ou applaudir. — Si les Sillonnistes étaient aussi prompts à l'attaque et à la dénonciation que certains de leurs adversaires, il y a beau temps que ces derniers auraient contre eux une majorité épiscopale.

amour d'un Sangnier, mais M. André Beaunier n'a-t-il pas écrit une page magistrale sur « *les Devoirs de la Violence* », et l'auteur de la *Barricade* montre bien qu'une classe sociale peut se trouver « en présence d'une énergie exaspérée à laquelle il lui faut opposer une énergie égale si elle ne veut pas périr » (1). Bourget ajoute d'ailleurs que l'énergie n'est pas toujours la force brutale, et qu'une de ses formes les plus hautes peut être l'humanité. Ce dernier mot nous ramène à Sangnier. Ainsi se rejoignent toujours un peu, quand ils creusent ou s'élèvent, les esprits les plus contraires.

Il ne faut pas oublier d'ailleurs, en comparant deux mentalités, ou deux moralités, que la morale a, comme la pensée, des plans divers, qu'il y a le chrétien et l'homme, l'idéal évangélique et l'honnêteté vulgaire, et qu'un mouvement ou un procédé indigne d'un saint ou d'un héros, peut ne par l'être d'un excellent citoyen,

(1) Ni comme républicains, ni surtout comme chrétiens, les braves du *Sillon* ne sont capables d'offenser jamais ni la paix ni la conscience la plus jalouse. Peut-être y a-t-il, je l'ignore, dans le drame fatal de demain, des rôles qui ne pourront être tenus que par des athées et des barbares, même de droite. M. Vaugeois se fait gloire d'être un « *bandit* », M. Valois veut « *l'homme au fouet* », M. Maurras enquête « *si le coup de force est possible* ». L'Eglise, qu'ils admirent, n'a pu réussir à les dompter. Ce sont les « *révolutionnaires pour l'ordre.* »

de même que le vocabulaire et les gestes d'un brave portefaix ont le droit d'être très différents de ceux d'un académicien ou d'un magistrat. Tendre la seconde joue au soufflet, ou le rendre, sont deux degrés de la morale; l'un est sublime, mais l'autre est juste, et nous ne sommes point tenus tous les jours à l'héroïsme. Tolstoï qui, au nom du Christ, veut qu'un soldat se laisse tuer à la guerre, se trompe et confond deux plans. Je crois qu'il y a place, en politique, pour « les doux » du *Sillon*, et pour « les violents » de l'*Action française*.

IV

Trancher le débat d'une exclusive façon me paraîtrait donc peu raisonnable. Pourquoi trancher en effet quand les deux parts sont belles et qu'on peut à son gré choisir l'une ou l'autre, — sinon l'une et l'autre. Il y a plus d'une sagesse, plus d'une façon de se bien conduire, et de bien penser peut-être. Ou, si l'on veut, la sagesse a plus d'un point de vue et plus d'un degré. Vous avez raison, vous catholique français, de confondre la franc-maçonnerie et la république, puisqu'en fait, et à l'heure qu'il est, elles se confondent en France. Mais vous avez raison aussi, plus raison encore, de les distinguer, de les séparer, et d'arracher ainsi les masques. Vous avez raison de n'être pas républicain, et surtout vous avez raison de l'être.

Vous êtes prudent de ne pas attendre le salut du suffrage universel, si improprement nommé ; vous êtes plus prudent encore d'utiliser cette arme en vos mains, de l'améliorer, de l'enrichir, d'en faire peu à peu la voix de la nation organisée et de lutter vaillamment par elle.

C'est le régime qu'il faut changer pour améliorer les mœurs, disent les uns : le salut est une question politique. Ce sont les mœurs qu'il faut changer pour améliorer le régime, pensent les autres : le salut est une question morale. Et les deux opinions sont également motivées. L'état de choses dépend de l'état d'esprit, — et l'état d'esprit de l'état de choses.

Maurras a raison, et « sur ce point, dit Sangnier, je me rencontre avec les monarchistes : il est beaucoup plus facile de réaliser une bonne monarchie qu'une bonne république. » Mais Sangnier ajoute, et c'est en quoi cet idéaliste paraît pratique à son tour : « Je sens bien cela, mais je sens aussi qu'il est peut-être plus difficile de faire renoncer la France aux rêves qu'elle a conçus, que de lui donner les forces morales dont elle a besoin pour réaliser ces rêves. » Ces forces morales, ce ferment chrétien, le *Sillon* les lui apporte. Plus théoricienne, l'*Action française* prétend ne guérir que par la vérité crue, par le remède *opposé* au mal. L'*Action française* est *allopathe*, le *Sillon* est *homéopathe*. Les deux régimes ont du bon.

Le peuple est anticlérical, le peuple est républicain : de ce double fait incontestable, Maurras et Sangnier tirent deux conclusions contraires, mais peut-être également logiques et rationnelles. De ce préjugé en effet, né de la plus forte et de la plus sotte des associations d'idées créées par la presse maçonnique, Maurras constate la force, Sangnier la sottise ; de ces deux faits (république et anticléricalisme), Maurras voit le bloc évident, Sangnier la distinction qui s'impose (1). Pour Maurras le peuple est surtout anticlérical et n'a que faire d'une république chrétienne ; pour Sangnier le peuple est

(1) « C'est par hasard, dit fort bien Rémy de Gourmont, qu'en France aujourd'hui la monarchie et la religion, la république et l'irréligion se trouvent liées. Monarchiste et athée, cela va merveilleusement ensemble. Il y a de la naïveté à penser qu'un incrédule doive être républicain ; on se demande pourquoi ». C'est pourtant cette chinoiserie qui fait le fond de notre mentalité politique. « Le jour, s'écriait Sangnier au Congrès de Rouen, où le fonctionnaire pourra, sans être inquiété, aller à la messe avec un énorme livre sous le bras, même sans donner le bras à sa femme, le jour où il pourra faire cela sans qu'on le critique, il y aura vraiment quelque chose de changé sous le soleil de la République française ». Où faut-il que nous en soyons pour que cet état de bêtise puisse constituer notre état d'esprit !

surtout républicain et l'anticléricalisme n'est qu'un accident dont il faut purifier son idéal. Je crois bien que les deux thèses peuvent se soutenir avec une égale vraisemblance, et même une égale vérité.

Ce qui nous divise peut-être le plus sur la question politique, c'est qu'en fait nous n'avons pas plus la vraie république que nous ne concevons la vraie monarchie, — (qui s'équivalent peut-être plus qu'on ne pense) (1). Si l'une ou l'autre pouvait se réaliser véritablement, il est probable qu'elle n'aurait plus d'ennemis. Peut-on appeler « république », un gouvernement qui n'est *même pas celui du nombre*, puisque deux évidences, deux exactitudes aussi élémentaires à cet égard que la représentation proportionnelle et le suffrage des femmes, commencent seulement à être entrevues (2). Que dire

(1) De la « monarchie décapitée » qu'est, d'après Sangnier, la République actuelle, ou de « la nation organisée » que doit être, selon Maurras, la monarchie future, celle-ci est certainement plus républicaine que celle-là, donc plus conforme au rêve de Marc Sangnier, qui est la « Démocratie organique ».

(2) Supposez même ces deux réformes accomplies, ce n'est toujours que le nombre qui entre en compte, ce n'est pas la valeur. « Or l'idée de valeur, dit fort bien un démocrate, M. Paul Renaudin, est évidemment plus haute en elle-même et plus importante que l'idée de quantité ».

des autres éléments supérieurs de la représentation nationale, des vraies valeurs constitutives d'un peuple, telles que la famille, les professions, les associations, les intérêts, l'intelligence, le mérite, etc. Un régime où la liberté la plus intime, la plus essentielle du citoyen, celle de penser et de transmettre sa pensée à ses enfants, est contestée par l'Etat, (Moloch des intelligences); un régime où la conscience est violentée, ne saurait certes s'appeller républicain.

Comment d'autre part une monarchie anachronique, que notre imagination résume en un autocrate ou en un président plus pompeux, nous sourirait-elle au XXe siècle? Maurras nous en donne une idée plus large, comme Sangnier maintient devant nos yeux l'honneur de l'idée républicaine.

Travaillons en paix et selon nos préférences à la vraie république ou à la vraie monarchie moderne, telles que le *Sillon* ou l'*Action française* nous les préparent, et il est probable que la première constituée réunira tous les suffrages et rendra l'autre inutile.

Chimère! diront de l'une les partisans de l'autre. Mais il sera facile à ceux-là de renvoyer le mot à ceux-ci. Gloire à ceux de qui la chimère sera le plus tôt la réalité de demain!

En attendant, et pour en revenir à nos deux rivaux, si les positions adverses se maintiennent en dépit des discussions, c'est que les arguments sont vraisemblablement d'égale valeur, bien que d'une valeur subjective et indémontrable à la mentalité contraire. Puisque, aussi bien, ces systémes répondent à des besoins différents d'esprit, la concurrence ne leur saurait nuire. Leur rôle est également beau, et leur fonction précieuse. Sans exclusion des autres groupes, et principalement de la noble *Association catholique de la Jeunesse française*, ou des cercles si sympathiques d'études et d'action sociale du Sud-Est ou d'ailleurs, le *Sillon* et l'*Action* se divisent le travail et l'influence sur les éléments les plus hardis et les plus intelligents de l'avant-garde des Jeunes, — double *Jeune Garde* (plus spécialement chrétienne ou plus spécialement nationale), et par des directions opposées sans doute, mais finalement convergentes, leurs chemins mènent également à Rome et au salut du pays.

Plusieurs parmi nous s'imaginent qu'il n'est dans la pratique, comme cela est vrai dans le dogme, qu'un chemin orthodoxe vers la vérité et le salut, et querellent bruyamment quiconque *marche ailleurs* pour y aboutir. Mais le proverbe, aussi bien que la raison et la foi, donne tort à ces fâcheux d'une orthodoxie étroite, moins riche que l'antique Thèbes aux cent portes. Les moyens de préparer pour ce monde un ordre meilleur, sont vraisemblablement multiples, peut-être innombrables, selon l'infinie richesse du possible divin et même humain : pourquoi vouloir dans le même moule couler toutes les activités ou toutes les intelligences?

« C'est avec peine, écrivait l'Archevêque d'Albi au Cardinal de Bordeaux, que je vois les diverses fractions de l'opinion catholique, au lieu de rivaliser de zèle et d'influence pour faire rayonner autour d'elles l'idée chrétienne, épuiser au contraire leurs meilleures forces à se dénigrer entre elles, à disqualifier leurs chefs, à se faire la guerre à coups de textes découpés à souhait, et se servir des enseignements des Papes et des Conciles comme de munitions de guerre, non certes contre les ennemis de l'Eglise, mais contre ses meilleurs enfants. » Un peu du respect américain de la liberté d'autrui complèterait à merveille notre zèle européen de la vérité.

Le Vrai, comme le Beau et le Bien, ne peut-il se figurer par une montagne immense, aux versants et aux climats multiples, et n'est-il pas naturel que les esprits, selon leurs tendances et leurs goûts, et tout en se gardant des précipices et des erreurs, prennent des sentiers divers, s'échelonnent sur une pente ou sur l'autre, du côté de l'ordre ou du côté de la liberté, s'orientent vers le réel ou vers l'idéal, vers la pratique ou vers la science, vers la monarchie ou la république, la fraternité ou l'autorité. L'Avenir, qui est le jugement de Dieu, fera les conciliations ou les exécutions nécessaires.

Comme nous ignorons ses sentences, du moins en matière politique, il convient de nous arranger de façon à n'avoir point été devant elles en trop mauvaise posture. Si l'avenir est à la démocratie républicaine, comme il paraît vraisemblable, nous commettons un crime de combattre le *Sillon* qui cherche à la christianiser et à l'ennoblir. Si la monarchie doit être un jour le remède à nos maux, comme certains prophètes l'annoncent, nous aurons eu tort de combattre l'*Action française*. Respectons en ces deux grands idéals, également défendables, en ces deux nobles mouvements (parmi bien d'autres), la possibilité, aux multiples formes, de notre salut futur, et aussi (et quel qu'en soit le résultat) la beauté d'un effort sincère, — effort où le vaincu vaut le vainqueur.

Mais si nous ne jugeons pas, ne soyons point non plus sévères aux critiques, c'est-à-dire à ceux qui jugent. Ils rendent aux causes de grands services. Comme l'a écrit Maurras, « il est une discussion qui tend à éclaircir les idées au lieu de les rendre plus vagues, qui *unit* au lieu de confondre ou de brouiller. » Justes, les attaques précisent; injustes, elles excitent. Les unes font réfléchir l'adversaire, les autres le font rebondir : double profit. Est-il, après tout, si nécessaire, est-il désirable même, qu'un parti-pris absolu de conciliation outrancière vienne fondre et pacifier jusqu'au calme plat tous nos différends? Ce n'est point tout-à-fait ma thèse. L'état militant des partis, l'opposition des nuances qui s'avivent, les polémiques, les réfutations mutuelles, contribuent, comme les cadres eux-mêmes, au relief nécessaire et plus accusé des formes et des attitudes, à la personnalité en quelque sorte plus aiguë des idées et des hommes, à la distinction plus nette par la vigueur des contrastes, et la lutte n'est-elle pas la vie, le choc le feu, souvent la lumière? A *trop* concilier, on émousse; à trop embrasser on étreint mal, et, jusqu'à un certain point, la vivacité courtoise des disputes, utile à la bonne circulation des humeurs de notre sang, l'est plus encore à l'ardent va-et-vient des idées de notre cerveau. On peut être certain que ce stimulant ne manquera pas, et il est permis de constater qu'à cet égard le *Sillon* et l'*Action française*, très bien servis, n'ont pas à se plaindre.

Tout est donc pour le mieux, mais peut-être manque-t-il parfois quelqu'un pour ce rôle d'admiration impartiale, d'équilibre et de largeur d'esprit dans les questions où la valeur, la noblesse, la sincérité et, je crois bien, la vérité sont ou peuvent être dans les deux camps. N'oublions pas qu'en art, et pourquoi n'en serait-il pas de même en face de toutes les nobles et grandes œuvres, le premier devoir de la critique elle-même, de la haute critique, c'est d'abord, comme l'a dit Hello, l'admiration et l'intelligence. La critique négative, celle des défauts et des taches, si légitime et nécessaire qu'elle soit, n'est qu'une forme un peu inférieure, mais doit être encore cependant une forme de notre charité intellectuelle. S'en tenir exclusivement à la critique négative, même à l'égard d'adversaires véritables, sera toujours le fait d'intelligences moyennes. Quant à tirer sur des frères, sur des cœurs généreux ou de grands esprits, défenseurs ardents de la même Eglise persécutée et vaincue, sur des croyants, sur des apôtres, pour la ridicule raison qu'ils sont démocrates ou royalistes, ou bien parce que leur tactique est un peu moins sotte que la nôtre, ou parce qu'ils ne seraient pas toujours infaillibles ni impeccables, — cela est plus que médiocrité d'esprit, c'est vilenie et trahison.

V

Nous n'avons pas trop de tous nos lutteurs, — nous en avons même trop peu — fussent-ils en désaccord mutuel, en querelle même sur bien des points secondaires, comme saint Pierre et saint Paul le furent. Nous confondons aujourd'hui dans un même culte ces deux grands chefs de l'Eglise naissante, comme nos fils, plus équitables que nous, j'espère, confondront dans une même gratitude, si leurs noms leur parviennent, tous ceux qui, dans le labeur de notre temps difficile, sous une bannière ou sous une autre, avec ardeur et en s'invectivant parfois, mènent le bon combat pour l'Eglise, y compris ces grands originaux aux libres allures, qu'il ne faut pas mesurer à l'aune bourgeoise, tel ce Vincent de Paul du *Foyer* et du *Coin de terre*, le bon abbé Lemire, — suspect pour s'être fait trop d'amis et d'électeurs, — ou cet ennemi de Sangnier et de Maurras, le fougueux Biétry, l'apôtre de la propriété pour tous, l'auteur de cette très simple et géniale formule qui devrait être aujourd'hui, comme la Représentation Proportionnelle, popularisée par une immense campagne de conférences et de presse, parce qu'elle est le progrès, la raison et l'évidence : *Séparation des Ecoles et de l'Etat.*

Si les catholiques, au lieu de jeter des pierres dans les jardins de leurs défenseurs — trop rares encore et trop impuissants — réservaient leurs traits pour leurs ennemis, qui sont nombreux et forts, les chances de la bataille seraient un peu moins inégales. Pour moi, avant de les effleurer même d'une critique, j'éprouve, du fond de ma faiblesse, le besoin de rendre justice et honneur à tous ces vaillants, qui par la douceur ou par l'audace, par la conscience ou par l'énergie, la liberté ou la tradition, l'Evangile ou l'Histoire, l'instinct monarchique ou le sens républicain, par une riche éclosion d'efforts variés et d'initiatives neuves, démontrent éloquemment l'ardente vitalité de l'âme catholique et française, qu'on accuse souvent d'inertie et qui ne fut jamais plus féconde.

Aujourd'hui que la lutte, l'union pour la lutte, est plus que jamais nécessaire contre l'erreur et le mal, contre la Négation et l'Irréligion, contre les ennemis de l'Eglise ou de la France, il paraît opportun, et pour cela même, de ne point gaspiller nos forces dans des joutes fratricides, en commettant le malentendu, si fréquent, de prendre pour le mal ou le faux l'indispensable variété des nuances du bien ou du vrai, la différence naturelle des points de vue, des aspects, des regards, des tempéraments, des études, des procédés; cette riche diversité des *dons* qu'énumère admirablement saint Paul. Je m'imagine ici la guerre que pourraient se faire, avec notre mentalité, les couleurs de l'arc-en-ciel ou du prisme, si bien fondues cependant dans la grande harmonie solaire.

S'il est permis de passer sans transition de cette poésie du ciel à notre prose terrestre, tous nos grands journaux catholiques ou libéraux, *Univers*, *Croix*, *Gaulois*, *Débats*, *Peuple français*,

Echo de Paris, *Libre-Parole*, *Eclair*, *Patrie*, *Liberté*, *Démocratie*, etc., ne sont-ils pas représentatifs de la variété des nuances et des besoins légitimes de catégories mentales pareillement respectables? Ne sont-ils point (très finement écoutés) comme les notes d'un vaste accord, — cacophonique seulement à la surface? Et n'en est-il pas de même des partis politiques correspondants : Droite, Centre, Libéraux, Progressistes, Nationalistes, Plébiscitaires, Chrétiens démocrates ou sociaux, Républicains catholiques ou favorables à l'Eglise. Une armée est faite de plus d'un *corps*, de plus d'une *arme*. Nous avons mieux à faire que de nous battre entre fantassins et cavaliers, entre fusiliers et artilleurs.

Mais cette variété des cadres ne supprime pas l'armée, c'est-à-dire le champ de bataille. Car c'est pour l'Action, pour la guerre sainte, (purement défensive et pacifique d'ailleurs), non pour le scepticisme des dilettantes, qu'il faut pratiquer cette largeur d'esprit, dont plus d'un lecteur peut-être me reprochera le paradoxe apparent. Je suis le contraire d'un sceptique, seulement je crois que la Vérité est grande, riche et variée en ses charmes. Ce n'est qu'une raison de plus de la défendre avec une vigueur sacrée. Ceux d'entre nous qui possèdent, et je les envie, le noble trésor des indignations vigoureuses, des haines puissantes, qu'il ne faut pas dépenser à la légère, n'ont, ce me semble, que l'embarras du choix des occasions les plus précieuses. Le bien, le vrai, étant l'affirmation et l'amour, la haine n'est légitime qu'autant qu'elle est (comme l'anathème de l'Eglise) la colère de l'amour, *la négation de la négation même.* Tous les ravageurs d'âmes, tous les corrupteurs d'esprits, tous les pionniers de la démolition religieuse, intellectuelle, morale, nationale, qu'elle soit grossière ou subtile, féroce ou souriante, — un Combes, un Salomon Reinach, un Loisy, un Anatole France, un Hervé ou un Thalamas, — ne doivent pas être haïs pour eux-mêmes (étant, sans nul doute, pleins de qualités personnelles), mais pour leur œuvre, qui est négative.

Le négatif, voilà l'ennemi.

Et ainsi, la guerre sainte dont je parle ne serait, peut-on dire, qu'une forme encore de cette largeur d'esprit qui, précisément parce qu'elle n'a pas trop de toutes les lumières et de tous les efforts de tous ceux qui édifient, est l'implacable ennemie de ceux qui détruisent. Là est peut-être, pour le noter en passant, la vraie philosophie de l'intransigeance, de l'intolérance de l'Eglise catholique, qui est l'Affirmation universelle (1).

---

(1) V. mes livres *L'Eglise et la Pensée*, *La Religion de l'esprit large*, etc.

APPENDICE

Il est, je pense, superflu d'énoncer qu'en cet hommage rendu à la beauté de deux systèmes, à la valeur de deux hommes (qui *furent* amis, car la vérité m'oblige à cette rectification), je ne prétends, certes, nullement mettre en parallèle la très noble tenue morale et intellectuelle du journal *La Démocratie* par exemple, avec l'injure grossière et triviale qui semble le style de plusieurs au journal *l'Action française.* Il est évident (et telle est bien l'ironie des choses et l'entrecroisement des contraires) qu'il y a beaucoup plus d'aristocratie naturelle dans l'âme des républicains, même silencieux, des *Sillons*, que dans les gestes des Camelots du Roi et des bruyants défenseurs du Trône.

En outre un besoin de justice, un sentiment d'équité et de parallélisme élémentaire, m'oblige à souscrire à ces lignes de M. Lugan, conclusion de sa remarquable étude sur le côté païen et dangereux de *l'Action française* (1) : « Ne réservons pas toutes nos duretés et nos intransigeances aux erreurs des petits, de ceux qui sont moins forts par l'argent ou par l'audace ». Et si le malheur récent du *Sillon* survient à sa rivale fortunée, je me sentirai plus à l'aise dans ma double admiration de ce qui leur restera à tous deux d'orthodoxie certaine et de grandeur authentique.

(1) *La Morale de l'Action française*, Bloud, I, p. 50.

TABLE

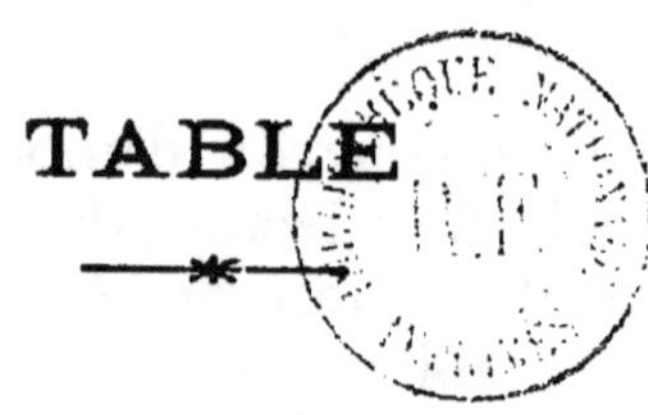

Pages

I

Le Sillon

II

L'Action française

III

PARALLÈLE

IV

Harmonie

V

Largeur d'Ame

LYON — IMP. J. VERNAY, 2, RUE DU PLAT.

www.ingramcontent.com/pod-product-compliance
Lightning Source LLC
LaVergne TN
LVHW020450230826
846091LV00004B/1634
9782016177655